JN408720

달빛을 긷다

문학공원 시선 173

달빛을 긷다

김용운 시집

고요히 잠들어있는 호수에
살그머니 입을 맞추는 추석 달빛
작은 이슬방울은 하얀 보석을 길어 올리고
밤 낚시꾼은 쪼그린 무릎 위에
하얀 나비를 길어 올리네

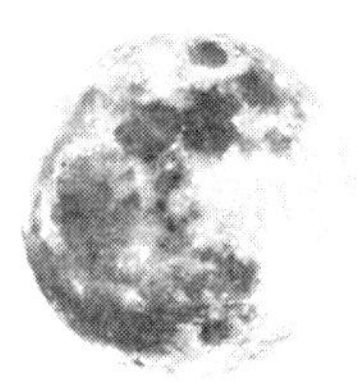

문학공원

자서

때로는 가파른 고갯길을 헉헉대며 오르기도 하고
때로는 인적 없는 강변에 쪼그리고 앉아
잔물결을 동무삼아
강물에 세월을 둥실둥실 떠나보내기도 하고
때로는 산기슭에 앉아
가쁘게 숨 몰아쉬며 고개를 쳐들어
나뭇가지 사이로 푸른 하늘을 바라보았던 세월 속에
한 걸음 한 걸음 걸어가던 발자취에
남겨졌던 느낌들이 내 삶에 보석 같아
묻어버리기도 잃어버리기도 싫지 않아
조심스럽게 정리하여 내 마음을 표현했습니다
때로는 잔바람처럼 때로는 폭풍노도처럼
지나온 세월 속에
아직도 바람이 내 주위를 떠나지 않고 맴을 돕니다

2020년 봄

호석(瑚石) 김 용 운

차례

1부. 숲 터널 소리

2부. 새벽길

차례

3부. 너울거리는 바람

4부. 꽃샘

차례

5부. (수필) 행복은

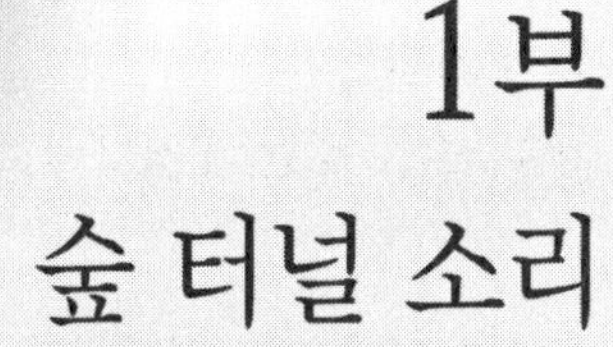

1부

숲 터널 소리

목 긴 모퉁이

된바람 부는 길목에 혼자 된 은행나무
모퉁이 돌아가는 바람에
한겨울을 가슴에 안고 휘파람을 분다
아직 겨울이 지나지도 않았는데
봄 아가씨들이
길게 목을 빼고 애절하게 불어댄다

갖가지 바람결로 지나버린 시간 속에
스쳐 지나친 얼굴들
하나하나 끄집어내어 허공을 그린다
아직도 갈 길은 멀기만 한데
무엇이 그리 조급한지
길게 목을 빼고 고개를 두리번거린다

바람의 옹이

동산 위에 올라 두 팔 길게 뻗어
흰 구름을 한 움큼 덥석 집어
큰 입 벌려 털털 털어 넣고
저기 저 먼 산 바라보며 큰소리로 웃고 보니
내 가슴에 옹알옹알 둥지 틀고 꺽꺽거리던 답답함이
살며시 찾아온 바람에 실려가네

조심조심 잰걸음으로 산비탈 내려와
옹달샘 약수를
큰 입 벌려 벌컥벌컥 들이켜고
골짜기 내려다보며 큰소리 지르고 나니
내 마음 같은 답답함 들이 여기저기 함성되어
골짜기마다 으르렁대며
내 마음도 여기 감추고 있다 하네

세모(歲暮)의 뒤안길

언뜻 보일 듯 말 듯 하던 마음을
끝내 보지 못한 채 저만치 멀어져간다
초봄에 짙게 풍겼던 향기도
어느새 퀴퀴한 냄새가 되어 저만치 멀어져간다

수채화를 그리 듯,
깔끔하게 그려온 삶의 흔적을
미완성으로 남겨둔 채 저 만치 멀어져간다
환하게 웃던 웃음의 향기도
어느새 허공을 휘저으며 저 만치 멀어져간다

달빛을 긷다

첩첩이 둘러앉은 솔밭에
두리둥실 어깨 흔드는 추석 달빛
작은 풀잎은 하얀 꽃을 길어 올리고
밤길 가는 나그네 옷자락은
동행의 발자국을 길어 올리네

고요히 잠들어있는 호수에
살그머니 입을 맞추는 추석 달빛
작은 이슬방울은 하얀 보석을 길어 올리고
밤 낚시꾼은 쪼그린 무릎 위에
하얀 나비를 길어 올리네

길을 간다

동떨어진 한 점 구름을 머리에 이고
따가운 한낮에 그늘 삼아
후끈한 모래밭 길을 간다

비틀비틀 모래 발자국 누군가에 밟혀 뭉그러져도
따가운 햇살을 막아주는 한 점 구름 동무되어
묵묵히 나는 또 이 길을 간다

살그머니 내 곁을 스치는 바람 옆구리에 끼고
훅훅 찌는 무더위를 동무 삼아
가파른 산길을 올라간다

구불구불 기어온 발자국
흩어지는 나뭇잎에 덮어져도
흐르는 땀방울 식혀주는
한 줄기 바람 동무삼아
나는 오늘도 헉헉대며 올라간다

숲 터널 소리

산 넘어가는 석양을 등에 지고
터벅터벅 숲 터널을 지나는 나그네 발걸음에
바삭바삭 맛깔난 소리가 따라오고
하나둘 켜지는 가로등이
초겨울 바람에 고개를 숙인다

가느다란 불빛을 가슴에 안고
숲 터널에서 빵을 굽는 젊은 아낙의 손길에
바삭바삭 맛깔난 소리가 묻어나고
어두운 운동장에서 내지르는
아이들의 웃음소리가 싱그럽다

변환(變換)

슬그머니 가시렵니까
겹겹이 누빈 푸르른 옷을
슬그머니 벗어버리고
뒤도 돌아보지 않은 채
그냥 그렇게 가시렵니까
가녀린 서북풍에 온몸을 부르르 떨며
자리를 툭툭 털고
미련도 없이 그렇게 가시렵니까

아쉬움 없이 가시렵니까
제멋대로 성긴 몸에
울긋불긋 새 옷을 입혀놓고
흘끔흘끔 눈짓만 하고
그냥 그렇게 가시렵니까
소로록 불어오는 아리한 바람에 옷매무새 보듬고
요리조리 몸을 흔드는 모양
곁눈질만 하고 그렇게 가시렵니까

신호등

눈을 부라린 붉은 등 앞에 잠시 멈추어
매서운 눈초리 사라지기를 기다린다
붉은 등 바뀌기를 기다리지 못하고
제 뜻대로 제 갈 길을 가면
기다리는 것은 막심한 후회만 남을 뿐

이쪽저쪽 눈짓하는 지시등 이리저리 살피며
순종하고 따라야 하며
내 갈 길을 지시하는 길은
외면하고 역행하면
갈 바를 모르는 어리석음

활짝 웃으며 반기는 푸른 등을 보고
신바람으로 달리더라도
내 앞에 장애물이 있어
길이 막힌다면
때를 기다려야 제 갈 길을 간다

걸음

삽작길에 살포시 엎드려
오만가지 모습으로
지나가는 발걸음소리에 귀기울여본다
그 소리 속에서 삶의 모습을 본다
질질 끄는 소리
터벅대는 소리
뚜벅거리는 소리
…
…
…

산기슭 노송에 기대어
형용색색 옷을 입고
새벽을 오르는 발걸음 소리에 귀를 세우고
그 소리 속에서 활력의 모습을 찾는다
씩씩거리는 소리
헉헉대는 소리
재잘거리는 소리
…
…
…

동행

먼 산을 바라보고 즐거움을 노래하고 싶은데
네가 먼 산을 보고 가슴 아파함에
내가 노래하지 못하고
네 아픈 가슴을
내 가슴에 깊숙이 숨겨놓는다

너울너울 강물을 손에 담고 아픔을 띄워 보내고 싶은데
네가 강바람에 어울려 너울너울 춤추는 모습에
내가 아픔을 버리지 못하고
네 즐거운 가슴을
내 가슴에 가지런히 올려놓는다

여정(旅程)

철새의 날갯짓과 함께
가을이 저 언덕너머로 날아간다
조심조심 보듬어 안고 있던 내 마음의 수채화들이
빛을 잃은 저녁노을에 비치어 붉게 물들어간다

바람이 산능선을 가로질러
쌀쌀한 추위를 안겨준다
한세월 꽁꽁 감추어두었던 두툼한 외투들이
저 마다 어깨에 힘을 주며 맵시를 자랑한다

호수와 산

어스름 호숫가에
꼬물꼬물 줄지은 작은 오리
하나둘 색조에 어우러진 불빛에 비친
붉은 옷 푸른 옷에
고개를 첨벙

건달처럼 어깨를 들썩이던 우람한 산
점점 더 깊어가는 어두움에
저쪽에서 번쩍 이쪽에서 번쩍
번썩이는 불빛에
두 눈이 번쩍 뜨인다

지나간 자리

겨울이 지나간 자리에
때 묻은 눈덩이가
담 모퉁이에 쪼그리고 앉아
눈물을 찔끔찔끔

겨울이 지나간 자리에
낡고 헤어진 낙엽들이
양지에 옹기종기 모여앉아
입술을 씰룩씰룩

임아, 잡지도 못하고
붙들지도 못하고
결국 빈 손 되어
떠나가는 임의 손 마주 잡고

지난 세월
가슴에 석류알갱이처럼 박힌 것
하나씩 꺼낼수록
아쉬움이 안개가 되네

지그시 감은 눈길

힘없이 툭 떨어진 손
입가에 잔잔히 흐르는 미소 보며
이미 차가워진 손 마주 잡고

지난 세월
따사로운 햇살에 주마등 되어
하얀 구름 타고 둥실둥실
멀리멀리 달아나네

연포의 밤

하얀 이 드러내고
세상을 내려다보는 초승달 아래
새까만 밤을 타고
꼬물꼬물 기어오르는 하얀 포말
연포의 밤
하늘에는 하얀 실눈
바다에는 하얀 이빨

하얀 꼬리 흔들며
세상에 내려오는 별똥별 아래
새까만 밤을 타고
살금살금 기어오는 작은 어선
연포의 밤
하늘에는 하얀 빛줄기
바다에는 하얀 노래소리

수국(水菊)

담벼락 옆에 마른 수국 심어놓고
바싹바싹 말라가는 모습에
살려보려는 마음만 남아 가슴을 아리게 하더니
후두둑 장맛비는 마른 수국 보듬고
젖 한 모금
또 젖 한 모금 수유한다
연둣빛으로 화장한 얼굴에
송글송글 맺힌 눈물

한 잎 또 한 잎
아기 손 되어 조물조물
마른 잎 적시며 내리는 장맛비에
다시 살아나는 마른 수국
촉촉이 젖은 입술 쫑긋
한 잎 또 한 잎
모으고 모아서 어깨동무하며
환한 얼굴로 꽃을 피우고 또 피워
지나가는 바람에 내음을 실어
보고픈 친구에게 날리네

막간(幕間)

동창이 하얗게 밝았어도
간밤에 쓰러진 몸 세우지 못해
가는 허리 새우등 되어
알싸한 방바닥에 얼굴을 묻고
감긴 눈 속에 어리어리한 내 모습이 싫어
큰 숨으로 허공을 치네

어두움으로 낯가림하려 해도
따갑게 쏟아지는 눈
한없이 고개를 숙여
알싸하게 얼어붙은 동토에 묻고
감겨진 눈 속에 어린 시절 동네어귀가 좋아
두 손을 휘저으며 허공을 치네

여망(餘望)* · 1

수평선 끄트머리에 가물가물 점 하나
점점이 다가오는 숨소리
일렁이는 물결에 보일 듯 말 듯
숨겨진 점 하나 놓칠세라
동공이 활짝 열린다

산모퉁이에 하얀 미소 짓는 야생화
살랑살랑 불어오는 바람소리
이 숲 저 숲으로 숨바꼭질
숨어버린 하얀 미소 놓칠세라
발걸음만 동동거린다

* 여망(餘望) : 한 번 실패(失敗)하였으나 아직 남아 있는 희망(希望)

기다림 · 1

살포시 감싸오는 바람에
얼굴 붉히며 배시시 웃는 목련
살포시 부는 바람에
하얀 눈송이 되어 날리네

목련이 눈꽃 되면 찾아오라던
다정한 눈빛이 산을 넘어가네
이 봄에도 남녘 바라보며
하얀 눈빛 가슴에 안고

* 새해 새 아침에 낙산에서 일출을 보며

만남

봄이 오기 전에
관악산 깊은 골짜기 내려가서
제일 먼저 똑똑 눈물 흘리는
꽁꽁 얼음을 만나야지
한겨울에 꽁꽁 묶여
파란하늘 보고파도 참고 또 참으며
봄을 기다리는 이야기 들어야지

봄이 오기 전에
관악산 높은 봉우리 올라가서
제일 먼저 따스한 바람 맞는
노송을 끌어안아야지
한겨울 삭풍에 덜덜거리면서
산 아래 내려다보고 깊은 상념 속에
봄을 기다리는 이야기 들어야지

미련

아주 가버릴 백설을 만지러
설봉에 올라 가쁜 숨 몰아쉬니
깔끔한 백설은 풍상의 때에 꼬질꼬질해졌고
짝사랑한 나그네는 자리를 털고 일어나
먼 산을 향해 고래고래 소리 지르네
샘물 마시러 계곡에 내려가 허리를 구부리니
시원한 샘물은 썩은 낙엽에 얼굴을 찌푸리고
목마른 나그네는 두 손 가득 퍼마시고
빼꼼히 얼굴 내민 파란하늘 보고
너털웃음 짓네

안식(安息)

흘러가는 내 마음의 강물은
어디에 멈추어 다리를 뻗을까
늙은 사공
발 뻗고 나루에 기대어
꾸벅꾸벅 조는 빈 나루터일까
아니면 산기슭 돌다 만
양지바른 작은 개울가일까

흘러가는 내 마음의 바람은
어디에 멈추어 어깨를 기댈까
늙은 소나무
어깨 늘어뜨리고
산동네 내려다보이는 산기슭일까
아니면 숨바꼭질하다 만
침침한 계곡 작은 바위일까

소식(消息)

이미 낙엽 진 빈 가지
살랑살랑 흔드는 작은 바람
저 산 고을 소박한 소식
내 가슴에 전해주려나

억새풀 헤집고 다니며
숫한 사연 가슴에 품은
나그네 바람
뜬소문이라도 전해주려나

갈대숲에 조용히 앉아
냇물의 웃음소리에
눈웃음 짓는 물바람
반가운 소식 전해주려나

멀리멀리 떠나버린 마음
되돌아오기 기다리는
집 나간 철부지 바람
언제나 창문을 두드리려나

낙상(落想)

화톳불에 뒹굴어
제대로 구워진 고기 한 점
허기진 나그네 배를 더 고프게 한다
온 동네 쏘다니며 이 집 저 집 기웃기웃
나도 슬그머니 코를 벌리고
구수한 냄새 속 깊이 마셔나 보자

한 줄기 바람에
제대로 날려진 가오리연
찜통더위 잊으라고
공중에 매달려 간당간당 고갯짓한다
나도 어깨를 추스르고
백주에 덩실덩실 춤이나 추자

하고픔

내가 가는 산길은
솔향기 바람에 실려 와
내 가슴에 포근히 안겨 스르르 잠이 드는 길
나뭇가지 사이로 살짝 비치는
하얀 구름으로 날개를 달아 두둥실 춤추며 가는 길

내가 가는 강나루 길은
밤꽃향기 바람에 실려와
내 뺨을 어루만지며 스르르 눈 감고 웃음 짓는 길
강물에 비치는 저 산과 어깨동무하고
궁둥이 흔들며 씰룩씰룩 걸어가는 길

2부
새벽길

빛

하늘 문이 활짝 열렸다
내 마음을 가리고 있던 회색 커튼이 활짝 열렸다
환하고 깨끗한 하얀 빛이 내 마음에 들어온다
잔잔하고 따스하게
부드럽고 조용하게
내 마음의 중심에 자리한다

하늘 문은 이미 열려 있다
내 마음을 가리고 있던 커튼이 내 눈을 가렸다
어두움이 덮쳐온다
음울하고 칙칙한 바람이 내 마음에 솔솔 들어온다
이제 다시 열렸다
맑고 환한 빛으로 활짝 열렸다

새벽길

새벽 미명 하얀 날 세워 부는 바람은
통통 언 살을 긁어 바람결에 내던지고
새들은 먹이를 찾아 어금니를 깨무네
밤새워 보초 선 희뿌연 가로등
밤이 새도록 줄달음한 자동차 경주에 시달려
초췌한 모습으로 실실 비웃고 어서 가라 하네

앞산 등성이에 빼꼼이 고개 내민 초승달
새벽길 동무되어 토닥토닥 발걸음 맞추어
오늘도 함께 가자하네

여명에 슬금슬금 뒷걸음질 치며
돌아서는 꽃제비 작은 별
하얀 눈빛 날리며 해죽거리며 줄달음질치네

허공 · 1

비가 오는 도심의 잿빛 향기는
저 동산 너머로 너울타고 가고

바람을 잡으려고 휘젓는 손에는
찬바람 우는 소리

임을 찾아 두리번거리는 눈길에는
아지랑이 가득

바람 부는 도심의 매캐한 내음은
빌딩 숲에 갇혀 꼼짝도 안하고

나뭇가지 흔들던 바람 시새움에 눈 흘기며
훌쩍 말없이 달아나고

임 보려 두리번거리는 고개에는
흰머리만 가득

허공 · 2

강바람에 머리카락을 휘날리며
강변으로 가니
애타게 기다렸다는 듯이
머리카락 사이마다 강바람이 스며든다
깊고 깊은 뇌리에 감추어진 번민들이
하나둘 서서히 날아간다
시원하고도 섬뜩한 느낌이
상쾌하게 마음에 다가온다

산비람에 속마음을 디뜨리려
산등성이로 올라가니
무뚝뚝하지만 흐뭇한 미소로
고개 굽이마다 깊은 계곡마다 털어놓으라고 속삭인다
고래고래 질러대는 고함소리에
갇혀 있던 찌꺼기들이 하나둘 창공을 향해 날아간다
훅훅 달아오르는 뜨거움이
허전하게 마음을 비워간다

혼돈(混沌)

언제나 내 주위를 얼쩡거리던 연바람
무슨 심술인지 따가운 독살(毒殺)이 되어
사정없이 내게 흩뿌려 놓고
잔잔한 고요가 헝클어진
냉랭한 가슴을 안고 말없이 그냥 가네

언제나 내 가슴에 따사로운 모닥불
느닷없는 돌개바람 따라 제 갈 방향을 잃고
이글거리는 화산 되어
불타오르는 뜨거움에
방황의 혼돈을 불러오네

망중(忙中) · 1

연갈색 떡갈나무 숲 사이로
살짝 비추는 햇살에
초가을의 따스함을 가슴에 담는다
쪼르륵쪼르륵 흐르는 계곡 쉼터에
넓적한 발을 담그고
초가을의 시원함을 담는다

짙푸른 소나무 숲 사이로
반짝 비추는 햇살에
사계절의 묵묵함을 가슴에 담는다
휘리릭 휘돌아가는 가을바람에
가슴을 활짝 열고
달아나는 가을을 품는다

망각(忘却)

초겨울을 바라보며 누렇게 시들어가는
치악산 떡갈나무 잎도
이 가을 이전에는 젊음이었어라
아리아리한 찬바람에
바싹 마른가지 이리저리 흔들리며
지나가는 세월에 덩실덩실 절로 춤을 춘다

초겨울을 가슴에 안고 붉게 익어가는
외딴 농가의 땡감도
한때는 농익은 꽃이었어라
으스스 찬바람에
싱그럽던 옷 벗어던지고
지나가는 나그네와 눈 맞춤하며 씁쓸히 웃음 짓는다

방황(彷徨)

이른 저녁, 실바람 내려앉은 산모퉁이
노송에 슬그머니 기대 선 나그네
이 산을 내려가면 어디로 가려는가

늦저녁, 솔바람 지나가는 강변
마른 갈대 입에 문 나그네
이 강을 떠나가면 어디로 가려는가

잔설에, 지긋이 눌린 삽작문 사이로
햇살이 빙안 가득 스르륵
흐르는 솔바람 소리에
찬바람만 입안에 가득하다

세월에, 지긋이 늘어난 갯주름 사이로
회한이 가슴에 가득 스르륵
지나가는 바람 속에
그리운 얼굴들만 가득하다

망상(妄想)

해송 사이를 비집고 들어온 동해의 포말(泡沫)을
두 팔 벌려 가슴에 안고
망망 바다에 힘껏 던진다
또 다른 포말을 뒤집어쓰고
뒤집어진 하늘을 향해 발을 구르며 날아본다

철조망을 가볍게 넘어온 동해의 바람
큰 숨으로 들이켜고
망망대해를 향해 눈을 감는다
또 다른 바람을 가슴에 안고
저 높은 산봉우리를 향해 후후 불어본다

무상(無常)

빼곡히 둘러앉은 솔밭 사이로
하얀 바람이 살랑살랑 어깨 흔들며 춤을 춥니다
평상에 모로 누워 잠이 든
초로의 눈가 주름에 하얀 눈물이 보입니다

빽빽하게 늘어선 노송 사이로
허연 바위가 입술을 굳게 물고 묵상을 합니다
산길을 오르다 허기진
나그네 어깨에 하얀 구름이 너울거립니다

망중(忙中) · 2

모두가 제자리에 멈추었다
치악산에 슬그머니 걸려있는
잔구름은 미동도 않고
수변호수에 엎드러진
잔물결도 고요히 잠자고
만추에 숨어든 나그네
눈빛만 이리저리 해찰한다
오솔길에 가지런한 가로수는
가을바람에 낙엽 되고
간간이 들려오는 열차소리는
세월의 흐름을 일깨우고
만추에 숨어든 나그네는
초저녁의 어둠에 묻힌다

모두가 제 갈 길로 간다

기다림 · 2

스리슬쩍 담 모퉁이에 기대어
가을은 기척 없이 찾아오는데
그리 멀지 않은 옛 동산을 찾아간 내 님은
오늘도 기척이 없네
재 너머 고갯길에
내 눈길이 늘어진 고목이 되네

은근슬쩍 내 몸에 기대어
가을은 포근히 감싸오는데
그리 멀지도 않은 바닷가를 찾아간 내 님은
오늘도 소식이 없네
고개 들어 먼 하늘 보는
내 눈길이 하얀 이슬이 되네

황혼(黃昏)

그 당당하던 고개를
저 수평선너머로 떨구고
무엇이 그리 불만인지
벌겋게 얼굴을 붉히며
슬금슬금 숨어가는 태양을 등에 지고
갈대숲을 헤쳐 나옵니다

하얀 구름을 보려고
고개를 들어보니
어느덧 어두움의 그림자가
한낮의 열기를 감추려는 듯
이 산과 저 강을 움켜쥐고 슬금슬금 눈치를 보며
나그네 어깨를 살포시 누릅니다

기대(企待)

화들짝 핀 봄꽃 다 지기 전에
수평선 보려고 어렵사리 바다에 갔더니
방울방울 일어나는 물안개에
수평선은 어디론가 사라지고
한 마리 작은 물새만
갯가를 헤매며 종종걸음 하네

속옷까지 뒤흔드는
늦봄이 다 지나가기 전에
동풍을 만나려 동해에 갔더니
백사장을 뒹구는 열풍이
등줄기를 사정없이 때리고
가물가물 보이는 작은 어선
노래 가락에 둥실둥실 춤추네

여망(餘望) · 2

샘터에 쪼그리고 앉아
맑은 샘물 두 손에 가득 담아
벌컥벌컥 마시고 싶다
모두 다 떠나간 초저녁
텅 빈 약수터 평상에
벌러덩 드러누워 나뭇가지 사이를
오가는 찬바람을 맞고 싶다
봄기운 가슴에 안고
간간이 불어오는 찬바람에
긴장된 내 얼굴을 맡기고 싶다
어둑한 초저녁 임 만나러
졸졸졸 흘러가는 산 개울과
귀를 맞대고
흥얼흥얼 노래를 부르고 싶다

임의 소리

산등성 넙적바위를 돌아가는
알싸한 바람에
색색 옷자락을 흩뿌려 임을 부르는 소리
어디선가 옹기종기 작은 새들도
제 님을 찾아 쪽쪽쪽 입맞춤한다

강기슭 갈대숲을 지나는
아리한 바람에
일렁일렁 춤을 추며 임 부르는 소리
강변에 늘어선 수양버들도
제 님과 함께 덩실덩실 어깨춤춘다

애증

바람을 만나려고 강변으로 나가니
강물을 흔들기도 하고
갈대밭을 더듬기도 하고
내 가슴에 안기기도 하지만
바람은 바람일 뿐
그 바람은 다시 오지 않네

바람을 만나려고 산골로 들어가니
계곡 따라 맴돌기도 하고
힘에 부친 노송과 입맞춤도 하고
내 흰 머리카락 날리기도 하지만
바람은 바람일 뿐
회오리 되어 멀리 달아나네

그리움

부모님 산소 길섶에
쪼그리고 앉은 하얀 야생화
지나가는 바람에 꽃잎 하나 실어 보내고
동그라니 엎어놓은 무덤 위에
이름 모를 새 한 마리
하늘 땅 보고 고개를 끄덕끄덕 눈물이 글썽하다

산비알에 비스듬히 기대선 하얀 목련
나그네 머리에 꽃잎 하나 실어 보내고
먼 산 바라보며 진토 된 무덤 위에
길 잃은 한 줄기 바람
이리 돌고 저리 돌며 뱅글뱅글
아쉬움에 가슴이 먹먹하다

흔적(痕迹)

새벽바람 따라 찾아온 작은 새가
나뭇가지 붙들고 소리 질러 단잠을 깨운다
게으름 툭툭 털고 일어나
새아침의 신선함으로 새벽길 함께 가자고

저녁바람 따라 찾아온 옛 동무가
마른 어깨 들썩이며 울먹인다
살갑게 함께 살았던
지난날의 아쉬움을 갚을 길 없다고

정리(整理)

세월의 바람에 실려와
내 머리에 살포시 내려앉은 하얀 눈송이
세월의 바람에 휘날리어
저 하늘로 사르르 날아가고
갈 곳 없는 작은 새
마른나무 가지에 쪼그리고 앉아
휘파람 소리로 세월의 바람에 날려 보내네

세월의 바람에 떠밀려
가슴 깊은 곳에 자리 잡은 가녀린 회상
세월의 바람 타고 저 하늘로 내동댕이쳐지고
어둑어둑 깊어가는 밤
싸늘한 창가에 쪼그리고 앉아
옛 추억을 하나하나 끄집어내 날려 보네네

기다림 · 3

하얀 햇살 하얀 눈 덮인 철길 위에
하늘하늘 아지랑이가 손짓 하네
산 너머 오려면 아직 봄은 멀기도 한데
양지에 살포시 앉은 작은 잎
두 눈을 사르르 감고 임을 기다리네

살꽃 바람 하얀 눈 위에 미끄럼 하고
소복이 쌓인 눈가지 햇살에 눈살을 찌푸리네
꽁꽁 언 손 호호 불고 겨드랑이에 끼고 깡충대도
수북이 눈 뒤집어 쓴 노송
팔짱끼고 먼 산만 바라보네

바람

제 자리에 앉은 듯
먼 여행을 떠나는 듯
뽀얀 구름 바람에 휘저어 마음을 그리고
제 갈 길을 가는 겨울 철새
무리지어 날갯짓으로 흰 구름에 인사하네
초겨울 바람 허공을 치며
나 왔다고 소리 지르네

한겨울은 저 만치 다가 와
씩씩거리며 으름장 놓는데
아직도 가지 끝에 매달려
찬바람으로 매를 맞는 작은 잎은 어디로 갈 것인가
뒷짐 지고 고개 들어 서쪽 하는 바라보니
속절없는 흰 구름은 아직도
바람에 밀려가며 그림을 그리네

어머니

뽀얗게 피어나는 뭉게구름
산중턱에 걸터앉은 산마루에서
어머니, 당신은 나를 부릅니다

숨소리가 들릴세라
작은 계곡을 살금살금 기어온
봄바람이 기득한 꽃동산에서
어머니, 당신은 나를 부릅니다

솔향기 가득 품고
세월을 지긋이 바라보는
노송이 있는 곳에서
어머니, 당신은 나를 부릅니다

하얗게 쏟아지는
햇살이 따끔한 양지에서
어머니, 당신은 나를 부릅니다

누구를 만나려는지
빨갛게 달아오른 진달래가
삼삼오오 모여 재잘대는 곳에서

어머니, 당신은 나를 부릅니다

모두모두 손꼽으며
오늘도 아들을 기다리는 어머니
따스한 음성과 함께
어머니, 당신은 나를 부릅니다

부활(復活)

멀리서 달려온 한 줄기 바람에
밤을 지켜온 어두움이
제 갈 길을 가려고 무거운 몸을 일으킬 때
사르르 열리는 넓적한 돌문
어두움에 갇힌 무덤의 적막이 하얀 빛줄기 타고
대명천지로 튀어나올 때
온 세상의 모든 만물이 기쁨과 감동의 탄성을 지르네

천지에 울려 퍼진 주님의 부활 감동이
세월의 흐름 타고
지금 내 가슴에 하얗게
더 하얗게 자리를 잡네

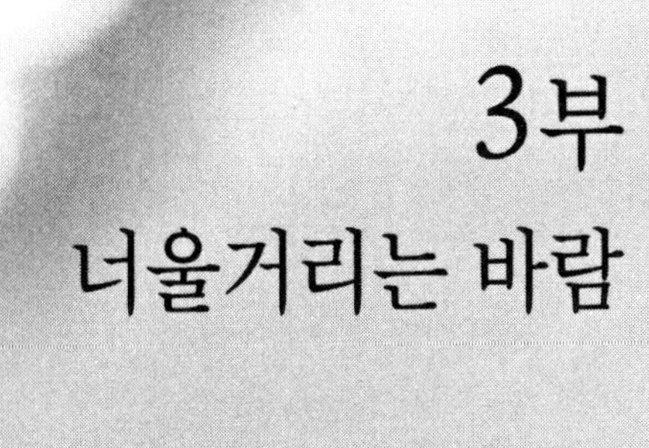

3부
너울거리는 바람

봄의 용도

나는 오늘 새봄을 먹었다
파릇한 순결로 새봄과 입맞춤하는 어린 쑥으로
부침개해서 봄을 먹었다
여기 조금 저기 조금 살포시
고개 내민 가녀린 냉이를
갖가지 양념으로 곱게 단장시켜
봄무침으로 입맞춤했다

나는 오늘 새봄을 안았다
나도 여기 있다 큰소리치며 간
계곡으로 내달리는 산
개울물을 벌컥벌컥 안으며
알싸함으로 새봄을 안았다
소슬한 바람 산등성이 넘어와
내 가슴에 봄바람과 진하게 포옹했다

아침

오늘도 나를 만나려는 설레는 마음
수줍음 가득 안고
저 산 너머에서 살며시 고개 내민 태양이
만남의 즐거움이 기다려지는지
얼굴이 발갛게 달아올랐네

오늘은 두 눈 마주하며
솔바람 부는 언덕에 가서
주절주절 이야기해야지

오늘도 나를 만나려는 기다림에
밤을 돌고 돌아
산기슭에서 큰 숨을 고르는 태양이
희뿌연 구름에 가려
아침부터 숨박꼭질하네

오늘은 더 높고 높은
산등성이에 서서
하얀 얼굴을 들여다봐야지

봄맞이

동이 트면, 남쪽 창문을 활짝 여세요
빨갛게 피어오르는 아침햇살을 가슴에 보듬고
멀리 보이는 동산과 살그머니 입맞춤 하세요
가늘게 떨리는 눈꺼풀에
하얀 나비가 대롱대롱 매달려 날갯짓으로
사랑을 고백하는 소리를 들으세요

해가 지면, 남쪽 창문을 꼭꼭 잠그세요
따사로움으로 포근히 감싸 안았던 애틋함이
서산너머로 멀리멀리 달아나니까요
하얗게 쏟아지는 별빛을
하얀 광목에 가득 담아 작은 방에 풀어놓고
하나둘 별을 세어보세요

풍경

상큼한 햇살 가득한 정오
샛강 작은 다리 밑에
한 뼘 자리 깔고 앉아 샛눈 흘기며
손때 묻은 김밥 입에 넣어주며 좋아하던 임
강변을 휘젓고 다니는 봄바람 심술부리며
곱게 빗은 머리 이리저리 헝클어놓네

따사로운 햇살 한 몸 가득 안고
샛강 작은 다리 밑에
큼지막한 집에 기대어 함박웃음 가득
작은 손 가득 싼 쌈 따사로운 임의 손길 받는 날
빙빙 주위를 맴돌던 봄바람 라일락 꽃향기 가득 안고
살그머니 뒤돌아가 임의 예쁜 코에 내려앉네

봄이 가네

오만상을 찌푸리며
장대비를 쏟아내던 검은 구름이
제 갈 길로 멀리 사라지고
저 언덕너머 종종이 앉아
파릇이 솟아난 새싹과 살포시 입맞춤하며
흐뭇하게 미소 짓는 뭉게구름
두 팔을 요리조리 흔들며 나에게 다가오고
벌써 봄은 저만치 달아나네

큰소리 벅벅 지르며 간밤에 불어대던 강풍이
제 갈 길로 도망하고
낮은 담장에 살포시 기대어
송골송골 피어나는 꽃잎과 살그머니 손잡으며
두 눈을 지그시 감는 작은 아이
작은 입술 쏘옥 내밀며 뽀뽀를 하자네
벌써 꽃들이 활짝 피었네

유성이 흐르는 밤

밤이 깊어 갈수록
잃어버린 시간들은 뇌리에 삼삼히 떠오르네
어제 함께 있었던 그 자리는
휑하니 텅텅 비었네
하얀 꽃송이 창문에 어른어른
어둠 속에 세월을 묻네

밤이 깊어 갈수록
숨소리는 점점 더 크게 들리네
아스라이 피는 꽃송이는
아지랑이가 되어 살포시 달아나네
한겨울 긴긴 밤 알싸한 바람에 실려
산 넘어가는 유성을 바라보네

바람 따라 · 1

바람을 따라가련다
아지랑이 스멀스멀 기어오르는
강변에 잠시 앉아
흘러가는 세월을 따라가련다

바람을 따라 가련다
앙상한 갈대가 흥에 겨워 춤추는
청평 호숫가 등 굽은 노송과
어깨춤 덩실거리며 따라가련다

바람을 따라 가련다
하얀 이를 드러내고 활짝 웃는
경포대 모래밭에 다리를 뻗고
수평선을 달려가련다

바람을 따라가련다
하늘에 닿을 듯 옥양목 늘어뜨린
백운폭포와 한 소리 하며
계곡으로 훙얼훙얼 따라가련다

바람 따라 · 2

바람을 따라가련다
그동안 내가 보지 못한 것들을 찾아
빈손에 한 움큼 세월을 담아
내 가슴에 허접함을 채우러

바람을 따라가련다
그동안 해찰하며 잃어버린 것들을
하나씩 끄집어내어
가지런히 줄 세워놓으려고

바람 따라 · 3

샛강에서 살그머니 불어오는 바람에 이끌려
샛강을 찾아갔더니
강물은 마르고
마른 갈대만 구슬피 우네

뒷동산에서 살그머니 내려온 바람에 붙들려
동산에 올라갔더니
가을맞이에 바쁜지
저마다 치장에 정신이 없네

바람에 실려

하얗게 눈부신 한낮에
한가한 나룻배를 찾는다
둥실 두둥실 흘러가는 강물에 누워
둥실 두둥실 흘러가는 흰 구름 따라가려고

붉게 물들어가는 초저녁에
어두워가는 노을을 찾아간다
붉게 검붉게 바람에 늘어지는 석양을 안고
붉게 검붉게 어두워지는 저 언덕을 넘어가려고

빗속을 거닐며

추적추적 내리는 빗속을
아무 생각 없이 걷는다
빗방울 속에 감추어진 하얀 세상을 만난다
빗속에 살금살금 감추어진
옛사랑의 노래를 부른다

하얀 고무신 신고
빗속을 걷고 싶다
장대비로 불어 난 개울물에 첨벙첨벙 뛰고 싶다
피어오르는 무지개를 타고
저 산 너머를 건너고 싶다

무풍(霧風)

아직도 미련이 남아
나뭇가지에 대롱대롱 매달려
삭풍에 파르르 떨며
두 손 싹싹 비비는 가을 잎
꼬질꼬질 늦가을 때 벗지 못하고
따스한 바람 기다리다 지쳐
오늘도 먼 산만 기웃기웃

하얀 꿈 잊을세라
가는 허리 새우등 되어
두 손 무릎에 살그머니 감추고
허공을 맴돌던 지난 밤
멀리 가버린 줄 알았던 회한이
하나하나 석류알갱이 되어
창가에 어른거리는 안개바람

동녘바람

동녘바람을 타고 푸른 하늘 찾아 훨훨 날아간다
구부정한 등때기 비틀며 하늘 향해 기지개켠다
두 눈 치켜뜨고
먼 하늘 구름을 콕콕 쪼아본다
동녘바람 귓전을 때려
달아나는 세월을 보게 한다

동녘바람을 타고
산기슭을 쉼 없이 올라간다
쩍쩍 벌어지는 오금 두드리고 두드리며 올라간다
기름 빠진 팔 다리 흔들며
보이지도 않는 산 고개 넘어간다
동녘바람 등 떠밀어
밀려가는 세월에 실려간다

떠나가는 바람

남녘에서 솔솔 불어오는 바람이
봄꽃에 흠뻑 젖어
양지 동산에 어슬렁거리다
말없이 떠나갔고

대지를 흠뻑 적시며
주고 싶은 것 다 주고 싶어 하던
넉넉한 소나기 바람도
저 산을 넘어갔고

서북에서 살며시 내려 와
온 산하를 알록달록 치장시키던
아리한 가을바람도
저 남녘으로 날아갔고

보도에서 댕댕댕 종을 울리며
한겨울 추위를 녹여주던
포근한 마음의 바람도
말없이 멀어져만 가는구나

입추

경포호수를 거울삼아
배시시 웃어가며 맵시를 뽐내던 하얀 새털구름
동해의 검은 바다
하얀 이 드러내며 웃는 웃음에
슬그머니 자리 비켜 울산바위에 걸터앉았네

설악의 옷자락을 잡고
불그스레 익어가는 희멀건 천년바위들
계곡에 숨어있던 바람
살가운 교태로 흔드는 몸매에
벌겋게 얼굴이 달아올라 먼 하늘만 바라보며 미소짓네

초가을

여름 내내
숲속에 꽁꽁 숨어있던 소쩍새
산비알에 내려와 울고 울어 가을을 알리고
조석으로 쌀쌀한 바람 불어
붉은 옷과 노란 옷으로 갈아입으라 하네

소쩍새 울음소리에
주름진 나그네 발걸음 멈추어
푸르고 높디높은 하늘보고 두 눈을 감고
바람결에 두둥실
하얀 치맛단 흘리는 뭉게구름 씁쓸한 웃음을 짓네

가을 하늘

높새바람에 살포시 잡힌 손목에 이끌려
하얗게 늘어뜨린 치맛자락 사이로
파르스름한 물결이 보이고
가을은
저 하늘 끝자락에 숨겨진 임의 가슴에 안겨있네

줄줄이 따라오는 새털들이 앞서거니 뒤서거니
파란 하늘에 하얀 물감을 흩뜨려
그림 솜씨 뽐내고
서산 넘어가는 햇살은
하얀 새털을 붉게 물들이며 고개를 숙이네

가을 해변

열풍과 함께 뜨겁게 법석이던 인파가
식어가는 햇살과 함께
어디론가 다 떠나간
갈매기 떼만 나는 텅 빈 해변에서
줄지어 하늘거리는 수평선을 본다

파도와 함께 쓸려 내려가던
하얀 포말이 스러져가는
햇살과 함께 방울방울 터져버린 해변
갈매기 떼가 텅 빈 해변을 날며
꺼이꺼이 목메어 임을 부른다

가을 하늘

작은 새야
가을 하늘이 아무리 높아도
너무 높게 날지 마라
높은 곳에서 많이 보고 넓게 볼 수는 있어도
자세히는 볼 수 없으니…
내 마음과 네 마음이
높고 푸른 하늘에서도 통할 수가 없어
이제 가까이 느낄 수 있게
낮게 더 낮게 날아 보자

작은 새야
가을 들녘이 아무리 풍요해도
너무 낮게 날지 마라
낮은 곳에서 많이 만지고 많이 가질 수는 있어도
제 분수 안에 있으니…
내 마음 속에 하늘이 있고
네 마음속에 풍요가 있어 서로 소통함을
이제 더 가까이 느낄 수 있게
좀 더 가까이 다가가자

석양

해 넘어가는 언덕길에
하얗게 얼어버린 들국화
허덕이는 나그네에게 잠시 벗이 되고
지나가는 솔바람 괜스레 옷깃을 흔드네

어둑어둑 내리막길에
비스듬히 기대선 소나무
종종걸음 나그네 손목을 잡고
흘러가는 회색구름 발걸음을 재촉하네

겨울비

우산 속에 고개 숙인 나그네

발걸음에 툭툭 차이는 빗물과 동무되어

이 거리 저 거리 돌고 돌아 돌아보니 제자리

흠뻑 젖은 바짓가랑이 툭툭 털고

젖은 우산을 접네

진눈깨비

보도 위, 산비알 작은 숲속에서
샛바람에 사르르 구르며
초겨울이 가까워짐을 알리던
낙엽들의 애잔함이 진눈개비에 풀이 죽어
저마다 파르르 진저리를 친다

가을걷이가 끝난 밭, 김장 배추밭에서
알싸하게 부는 바람이
한여름 내내 보초를 하던 허수아비
진눈깨비의 젖은 눈물이
텅 빈 밭고랑을 촉촉이 적신다

바람아

바람아 울지 마라
산골을 헤매며 잠들 곳을 찾아 우는 네 소리에
가슴이 하얗게 저려온다

바람아 울지 마라
강변을 헤매며 앉을 곳을 찾지 못하는 네 모습에
곰삭아가는 갈대는 서글퍼진다

바람아 울지 마라
돌계단 한 구석에 쪼그린 풍상의 너를 보니
가슴에 사무침이 울컥 올라와 함께 운다

바람아 울지 마라
저녁노을 가슴에 안고 저물어가는 인생길에
동무를 찾아가는 애절함이 가득하다

너울거리는 바람

희뿌연 구름 가슴에 안고
다가오는 너울바람
하얗게 말라버린 흰 머리카락 타고 너울거리고
저 만치 앞서가는 아낙
하얀 치마폭 잡고 뱅글거리네

서늘한 산 계곡을
오르내리는 너울바람
하얀 하늘보고 조막손 흔드는 나뭇잎에 너울거리고
지그시 눈 감고 세월을 보는
언덕 큰 바위에 꾸벅 인사하네

적(的)

새는 땅을 내려다보고
이리저리 날며 자유를 노래하는 유유자的
청보리는 알싸한 바람에 이리저리 흔들리며
열매의 꿈을 이루는 소망的

꽃은 하늘을 우러러보고
이리저리 눈을 맞추며 향기를 풍기는 나르시스的
작은 배는 작은 물결에 이리저리 흔들려도
바다에 묻고 제 갈 길을 쉬지 않고 가는 도전的

내 심장 내 새끼 잡아먹은 저 원수
시커멓고 독살스런 바다를 보고
악을 쓰며 대들어보는 악다구니的
힐끔힐끔 뒤돌아보고
하얀 이 드러내며 실실 비웃는 냉소的

통한의 울분이
하얀 이 드러낸 거센 파도에 묻혀
바다 깊숙이 묻혀버린 포괄的

단 하나 뿐인 내 생명, 내 희망
한 점 파도 되어 눈앞에 어른어른

갯벌에 털썩 주저앉아버린 비탄的

슬금슬금 밀려오는 바닷물에
한도 끝도 없이 흐르는 눈물
내 자식 품으로 흘려보내는 기도的

잿빛 하늘이 늘어진 내 어깨를 감싸 안으며
내 자식의 포근함으로
엄마 사랑해 속삭여주는 사랑的

* 세월호와 함께 자식을 수장한 부모를 보며

갈증(渴症)

명산에 흐르는 물은
명산에 취해 있고
명산에 부는 바람은
명산을 더듬어 가네
명산은 나를 부르는데
나는 명산을 힐끔 바라만 보고
애써 눈길을 돌리네

깊은 계곡 산 개울물은
남모르게 흐르고
깊은 계곡 산바람은
잠시도 쉬지를 않네
계곡은 잠시 쉬어가라 하는데
나는 멍멍히 바라만 보고
산기슭을 쉼 없이 올라가네

4부
꽃샘

정기(精氣)

치악산 계곡에 하얀 너울이 꽁꽁 숨어있다
산봉우리는 묵묵히 천년을 내려다보고 있다
구름은 둥실둥실 돌아가며 새 옷을 입힌다
부지런한 작은 새는 쪼르르 쪽쪽 노래한다

용수골 골짜기 개울물 살금살금 흘러간다
골짜기마다 작은 꽃잎이 꽁꽁 숨어있다
서로가 서로를 포근히 감싸고 있다
감은 눈 속에 잔잔한 미소가 드리운다

만추 언덕

굽이굽이 늘어선 산자락 사이로
새벽을 깨우기 위해
살포시 고개 내민 햇살
임을 향한 애틋한 정을 가슴에 안고
햇살에 비쳐진 색색의 자기 모습에 도취

구불구불 올라가는 산길 사이에서
찾아오는 임을 기다리기 위해
고개를 기웃거리는 가을
설음설음 새겨진 눈길에 만추의 꽃잎 가득 담은
작은 손 흔들며 바람에 지나는 세월의 아쉬움

여행

산너울에 이 몸을 실어
저 건너 산봉우리에 얹혀있는
큰 바위에 기대어
천년을 지켜온 노송과
가슴을 맞대고 싶다

환한 보름달을 가슴에 안고
둥실 두둥실 어깨춤으로
가을을 노래하는 저 구름을
다정한 벗 삼아
멀리멀리 떠나가고 싶다

우면산(牛眠山)

관악을 베게 삼고 천년을 곤히 잠든 우면산을
삽과 곡괭이로 들쑤셔 깊은 잠에서 깨어 눈을 뜨니
생전 보지도 못한 휘황찬란함
슬그머니 화가 치밀어
방배동으로 발길을 옮겼네

벼락처럼 찾아온 불청객에 가산을 내어주고
길거리에 주저앉아 망연자실
하늘을 향해 휘젓는 진흙덩이 손
비바람에 이리저리 흔들려
힘도 없이 갈팡질팡하네

* 2011년 9월 15일, 집중호우로 우면산이 붕괴됨을 보고

끊어진 철교

한 무더기 황사를 뒤집어쓰고
잿빛 압록강을 건너지 못한 채
허리가 잘려나간 철교 난간을 붙잡고
쪼그려 앉아
시커멓게 그을린 북녘 땅을 바라보며
떨어진 내 눈물이 억장(億丈)을 안고
서해로 한없이 흘러간다

한 사람의 욕심을 채우기 위해
수없이 많은 사람의 목숨이
잿빛 압록강에 수장되어
지금도 쟁쟁쟁 허공에 소리친다
사랑도 축복도 이미 끊어졌고
미움과 원망이 끊어진 철교를 붙잡고
압록강에 눈물을 쏟으며 통곡한다

* 단둥 압록강변에서

회한(悔恨)

압록강 폭은 풍년 들녘처럼 넓기도 하건만
민족의 아픔을 가슴에 묻고
꺼억꺼억 소리 지르지 못해서인가
잿빛 눈물을 세월에 실어 입술을 깨물고
두 눈 지그시 감은 채
저 세상으로 그렇게 흘러간다

푸르던 저 강산은 아직도 제자리에 우뚝 서 있건만
춥고 배고픔을 가슴에 묻고
꺼억꺼억 소리 지르지 못해서인가
시커멓게 그을린 얼굴
푸르른 하늘보고 두 손 높이 들어
저 세상으로 가라고 손사래친다

* 단둥 압록강변에서

산행

눈 녹아 고인 알싸한 샘물
한 손 가득 담아 한 입에 털어 넣고
부르르 떨리는 입술
먼 산에 털어버리고
또다시 더 높은 곳으로 한 걸음씩 올라간다
반기는 사람 하나도 없는데

겨울 녹여 부는 알싸한 바람
두 손 가득 담아 가슴에 보듬고
후들거리는 다리
높은 산에 묻으려
가파른 산등성 바라보고 한 걸음씩 올라간다
오라는 사람 하나도 없는데

고갯마루

높은 봉우리 하얀 구름과 도망할 새라
하얀 허리띠로
이 굽이 저 굽이를 꽁꽁 묶어서
이 고을과 저 고을로 이어놓고
오를 때는 숨이 턱턱 차고
내려올 때에는 산천경개가 발아래라

주름 가득한 소나무
가슴 찢어지도록 팔 벌려
나그네를 반기네
하얀 구름도 제 갈 길을 가느라
스르르 산 너머로 흐르고
바람도 슬금슬금 뒷걸음을 치네

야행(夜行)

희미한 불빛을 어깨에 한 짐 지고
성주산에 올라간다
어두움으로 점점 더 선명해지는 산길을
종종걸음으로 더듬으며 가픈 숨을 몰아쉰다

우쑥우쑥 자란 잡풀들이
바짓가랑이를 붙들고 쉬어가라 앙탈한다
산 골목 어귀에 폼 잡은 자그마한 바위덩어리
둥글둥글 돌아가며 나그네에게 눈을 흘긴다

개울물

개울물 한 바가지 허연 등짝에 붓고
으흐흐 진저리 치는 한여름
양지에 쪼그린 작은 바위 위
까박까박 졸던 고추잠자리가 허리춤 흔들며
저 멀리 잽싸게 달아나네

풍더덩풍더덩 얕은 개울에 던진 몸
한여름 무더위로 찌든 땀 구름 사이로 숨어들고
하얗게 고개 내민 작은 풀잎은
흰 구름으로 꽃단장하고
살포시 개울물로 내려오네

새벽바람

쪼르르 아침을 깨우는 작은 새
처마 끝에 매달려 먼동을 보고
게으름에 축 늘어진 엉덩이 추스르며
사립문 여는 나그네
하얗게 센 머리카락 바람에 쓸어 올리며
고갯짓하는 아동산과 눈인사 하네

휘리릭 부어오는 새벽바람
곤히 잠든 얼굴 어루만지고
부지런 떨며 새벽길에 큰기침하며
산비알 가는 나그네
되돌아 간 새벽바람 손짓하며 부르고 불러도
돌아보지도 않고 내달음 하네

금광호수 풍경

빼쭉한 작은 동산 궁둥이에
살짝 숨어버린 금광호수
하얗게 피어오른 뭉게구름 가슴에 안고
스쳐가는 작은 바람에
구름도 덩실 동산도 덩실
나그네도 덩실 춤춘다

호수에 납작 엎드러져
지긋이 두 눈 감은 납작 바위
이 바람 저 바람에 휘돌며 천년을 회상하고
호숫가에 늘어뜨린 낚싯대
바람결에 흔들흔들
낚시꾼도 덩달아 흔들흔들 춤춘다

청풍호수의 미명

미명에 슬금슬금 호숫가로 기어 올라오는 물안개가
가슴에 슬그머니 안긴다
심연에 숨어있던 서운함과 아쉬움이
하나둘 저 세상으로 떠나간다
물안개 가슴에 안고
섭섭함을 심연에 던져버린다

희뿌연 갈대숲에서 잠들었던 작은 새
눈 비비고 날갯짓 한다
유리알 구르는 호수의 평온이
물안개 속에서 한없이 수줍어한다
스르르 미끄러지는 작은 배는
물안개를 가르며 물안개 속으로 몸을 숨긴다

황사

산비탈을 베게 삼아
천년을 홀로 기댄 바위의 넋
희뿌연 황사에 당당한 모습 온데간데없고
환하던 태양도 빛을 잃고
저 산을 넘어간다

강바람에 흔들흔들
흥에 겨워 춤추던 갈대의 넋
희뿌연 황사에 야리야리한 모습은 온데간데없고
도도한 강물도 맥을 놓고
그저 덩실덩실 흘러간다

회상

도산에 걸터앉아
바람에 흘러가버린 애절한 마음 꺼내놓고
까치발로 남쪽에서 바람타고 찾아오는
임 기다리는 아픔이여
보이지도 않는 모습
왜 그리 애타게 보려는가

흘러가는 강가에 쪼그리고 앉아
멀리멀리 떠나 가버린 애틋한 마음 부둥켜안고
떨군 고개 도리질하며
강물에 비친 파란하늘 찾아
옛 모습 바라보는 아픔이여
다시 오지도 않는 임을
왜 그리 목메게 기다리는가

꽃샘

따사로운 봄의 향기를
좀 더 느끼게 하기 위해
간밤에 알싸하게 부는 바람과 함께
소복이 쌓인 눈 위에
큼지막한 발자국 도장이
재 너머로 멀리멀리 달아난다

남으로부터 들려오는
흥얼흥얼 콧노래소리에
후다닥 달아나는 시샘둥이
깡총깡총 발걸음이 가볍고
길쭉이 늘어 선 그림자 위에
바람에 젖은 햇살이
슬그머니 기대어 봄을 기다린다

기상(起床)

삭풍에 파르르 떠는 나뭇가지에
벌써 봄은 기지개 펴고
꽃샘추위는 간밤에 내린 빗줄기 속에
스르르 사라졌네
이번 봄에는 벚꽃 어깨에 메고
으쓱으쓱 춤이나 추어야지

훈훈히 부는 봄바람에
두꺼운 옷 벗어던지고
움츠린 어깨 파릇파릇 피어나는 새싹 속에
요리조리 흔들어 보네
이번 봄에는 강바람 가슴에 안고
강가에 앉아 꾸벅꾸벅 졸아야지

땡볕

하얀 햇살이 내 눈 가득
짙은 녹음 사이를 파고들어
팔랑거리는 나뭇잎 속에 숨어

보일 듯 말 듯 하늘거리며
한낮의 하얀 불화살이 내 몸에 가득

하얀 바람이 검은 아스팔트를 헤집고
내 가슴에 가득

이글거리는 보도를 깔고 앉아
발걸음을 재촉하며 내 걸음에 가득

멀리 다가오는 서늘한 바람
내 마음에 가득

새벽

동트기 전 홀로 가는 길

칠흑 속에 독도되어

일렁이는 파도와 동무되고파

작은 파도를 가까이 불러

한 잔 술로 외로움을 추스르네

고추를 말리다

빨간 얼굴 채반에 가득
초가을 짠 빛에 말라가는 눈물
하얀 불볕에 오그라지는 웃음
거무티티하게 변해가는 아픔

하얀 지붕 언덕에 옹기종기
팔베개로 서로 기댄 휴식
따가운 햇살에 일그러진 얼굴
점점 더 꼬부라져 가는 허리

감귤

살짝 얽은 모습에 주홍빛 얼굴
동산에 살짝 기댄 조각달과
새초롬한 눈웃음
하얀 눈꽃송이에 매달려
지나는 바람결에 파르르 떠네

세월에 취한 주홍빛 얼굴
하얗게 밀려오는 파도와
배시시한 눈웃음
하얀 이빨에 덥석 물려
빨간 속살이 주르르 떨어지네

추억

귓가에 맴도는 임의 노래를 듣고 싶어
산개울을 찾아가네
절절한 사연을 읊조리는 개울물 소리 속에
숨어있는 그리움을 찾네

가슴 깊이 새겨진 임의 목소리를 듣고 싶어
산기슭을 올라가네
외치고 또 외쳐도 임의 목소리는 찾을 수 없고
내 외침만 메아리로 산하를 떠도네

태안 가는 길

태안 가는 길은
설레임 가득 안고 종종걸음으로 걷는 길
가로수 가지마다 그리움이 방울방울 맺혀
한 모금 추억을 입 안 가득 곰씹으며 가는 길

태안 가는 길은
뜨거움을 머리에 잔뜩 이고 줄달음을 치는 길
흐르는 냇물마다 반가움이 졸졸졸 흘러
먼 옛날의 두근거림을
내 가슴에 흐르게 하는 길

환한 얼굴로 아침을 깨운 하얀 햇살
잠을 깬 호수와 눈이 맞아 하얀 보석이 되었네
호수 가장자리를
어지럽게 맴돌던 작은 새
작은 눈을 스르르 감네

환한 얼굴로 아침을 깨운 하얀 햇살
일어나지 않는 작은 산에
하얀 이불이 되었네
쪼르르 흐르는 계곡 샘에

두 발을 단근 다 떨어진 낙엽
둥실 두둥실 어깨춤 하네

새해 새 아침

검은 파도 검은 너울을 딛고
붉은 머리가 올라온다
검은 너울이 하얗게 부서지며
나에게 달려든다
화안한 햇살이 너울에 부딛쳐
한 줄기 보석으로 새해에 새 아침을 연다

알록달록 치장하고
두 손 모은 채 새 아침을 맞이하는 군상
하얗게 부서지는 은빛 보석에
실눈으로 까치발 하는 염원
화안한 햇살을 가슴에 가득 안고
새해에 새 아침을 연다

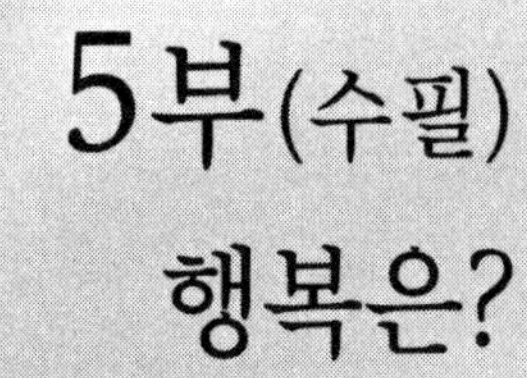

5부(수필)

행복은?

담쟁이와 가로수

두 눈이 튀어나올 정도로 힘을 쓰며 헐떡헐떡 가쁘게 숨을 몰아쉬면서도 역전의 용사처럼 악착같이 담벼락을 박박 기어오르는 담쟁이의 억척스런 고집을 봅니다.

흥흥, 코웃음을 치며 구석구석을 싸돌아다니는 개구쟁이 바람돌이가 슬쩍 지나갈 때마다 너나할 것 없이 모두 넓죽이 엎드려 인사하는 담쟁이의 겸손을 봅니다. 누가 시키지도 않았는데도 군소리 하나 없이 가파른 담벼락을 꼬물꼬물 기어오르며 무슨 그림을 그리도 예쁘게 그리는지 땀을 뻘뻘 흘리는 담쟁이의 열심을 봅니다.

언제든지 바람의 요구에 따라 때로는 강렬하고 격하게 때로는 부드럽고 우아하게 장단만 맞추어 주면 시도 때도 없이 덩실덩실 춤을 추는 담쟁이의 춤 솜씨를 봅니다. 후두둑 떨어지는 빗방울이 애타게 기다리는 신랑이라도 되는지 두 눈을 깜빡깜빡하면서 어서 오시라고 손짓하는 담쟁이의 애틋한 사랑을 봅니다.

시커먼 매연을 내뿜으며 윙윙윙 도심을 질주하는 자동차들의 심술에도 꿈쩍하지 않고 제자리를 지키는 가로수의 우직함을 봅니다. 때로는 비바람이 모질게 불어쳐 가지가 흔들리고 자기의 분신이 떨어져 날아가도 두 눈을 지그시 감은 채 자기의 본분을 잃지 않고 묵묵히 견디는 가로수의 인내를 봅니다. 갖가지 전선들이 꽁꽁 목을 조여도 아프다고 비명 한 번 지르지 않고 제자리를 굳게 지키며 지나가는 나그네의 그늘이 되려고 애쓰는 가로수의 미련함을 봅니다.

어두운 밤이 되면 얼큰히 취한 취객들이 위아래로 펑펑 쏟아놓은 오물의 악취에도 아무런 불평 없이 콧등 한 번 찡그리지 않고 그저 날이 새기를 기다리는 가로수의 기다림을 봅니다.

날이 밝아오면 누구보다도 먼저 자기 곁을 지나가는 나그네에게 손을 흔들며 인사하는 가로수의 반가운 미소를 봅니다.

물의 교훈

인생을 통한 삶의 터전에는 수없이 많은 갈등과 번민과 고통이 끊임없이 파고들어 서로 반목하며 삶을 어렵게 합니다.

물을 통하여 평온하고 슬기로운 삶의 지혜를 찾아봅니다. 도도히 흐르는 물은 서로 앞서려고 다투지 않습니다. 욕심으로 인한 경쟁은 자신에게 일시적인 성취감이 있으나 그 경쟁으로 인하여 누군가에게는 씻을 수 없는 커다란 상처를 주게 됩니다. 물은 흐르다 막히면 돌아가고 갇히면 채워주고 넘어갑니다. 뒤를 돌아보고, 옆을 돌아보고, 돌아보면 나아갈 길이 보이고 보이는 길에는 소망이 있습니다. 물은 빨리 간다고 뽐내지 않고 늦게 간다고 안타까워하거나 좌절하지 않고 탓하지 않습니다. 더불어 갈 뿐입니다.

자기에게 주어진 일에 충실하기만 하면 질시와 질타가 사라집니다. 물은 자리를 다투지도 않고 더불어 시류에 다라 함께 어우러져서 흘러갑니다. 물은 흘러온 만큼 흘려보내고 흘려보낸 만큼 받아들입니다. 흘러온 연륜과 경륜으로 중용을 유지하는 것은 공평과 나눔과 평등입니다.

물처럼 살라는 것은 막히면 돌아보라는 것이고 갇히면 나누어주고 가라는 것입니다. 독선과 오만은 외로움과 고독으로 관계를 단절 시킵니다. 받은 만큼 나누고 나눈 만큼 돌아오는 평행의 유지가 수평선입니다. 누구에게나 공평하게 하루라는 재산을 받습니다.

이 재산을 어떻게 사용하느냐에 따라 삶의 질이 달라집니다. 물처럼 살라는 것은 강물처럼 도도히 흐르면서도 바다처럼 넓은 마음으로 포용의 삶을 살라는 것입니다. 젊은 날은 시냇물처럼 목적을 향해 열심히, 중년에는 강물처럼 함께 어우러져서, 노년에는 바닷물처럼 포용하며 살아가야 합니다.

바람의 교훈

사람이 일생을 살아가는 동안에 세월의 흐름 속에서 부딪치는 환경의 변화와 여러 가지 만남으로 인하여 발생되는 고뇌와 근심이 삶을 지치게 하고 의심하게 합니다.

눈에는 보이지 않으나 항상 곁에서 맴도는 바람을 통하여 삶의 지혜와 해법을 찾아봅니다. 바람은 잠시 쉬지도 않고 멈추지도 않습니다. 우리 인체에는 심장과 폐와 장기들이 끊임없이 움직여 생명을 보존시키고 지속시켜줍니다.

삶은 멈추고 쉬는 것이 아니라 끊임없이 전진하는 것입니다. 자신에게 맡겨진 일은 완성 될 때까지 잊지 말고 지속해야 그 결과가 성취로 나타납니다. 바람이 지나간 곳에는 흔적이 나타납니다. 믿음으로 살아가는 삶의 흔적이 깨끗하고 정갈하게 정돈 되었는지 아니면 혼잡한 잡동사니 가튼 어지러움으로 나타났는지 돌아보아 보이는 대로 생각나는 대로 정리하는 인생에는 질서가 있고 향기가 있습니다.

바람은 구름을 이동시켜 그늘도 만들고 비도 내리게 합니다. 사람은 자기 삶의 주위는 물론 사회와 민족에

본이 되는 영향력을 나타내야 합니다. 힘들고 어려운 이웃에게 그늘막이 되기도 하고 때로는 필요를 공급하며 함께하는 수고가 필요합니다. 바람은 각종 생물들을 자극하여 생명의 활력을 갖게 합니다. 높은 산이나 깊은 계곡이라도 마다 않고 분주히 다니며 나뭇가지를 흔들고, 강물을 흔들고, 바다를 흔들어 생명들을 활력 있게 건강하게 합니다. 인생은 나만 살아가는 것이 아니라 이웃과 함께 더불어 살아가야 건강한 삶이 됩니다.

무인도는 외롭습니다.

바람이 지나가면서 공기를 맑게 하는 것 같이 내 삶으로 인하여 내 주위의 생명들이 정신이나 영혼이 더 좋은 환경으로 만들어질 수 있도록 수고해야 합니다.

지금도 여전히 바람은 우리를 떠나지 않고 강약을 조절하며 불어주고 있습니다.

종로로, 종로로

활화산처럼 부글부글 끓어올라 금시라도 떠질 것 같은 젊음의 열정들이 하나둘 모여 작은 횃불 되어 사회정의구현을 외치던 그 함성이 지금도 귀에 쟁쟁거리며 울어댑니다.

이성과 지성으로 감히 저항할 수없는 엄청난 힘에 이끌리어 삼지사방에서 젊음의 끓는 피들이 두 눈을 두리번거리며 하나씩 둘씩 짝을 지어 종로로, 종로로 모여들었습니다.

믿음도 다르고, 환경도 다르고, 능력도 다르지만 왜곡되어가는 이 사회에 작은 버팀목이 되고자 한 가지 노래를 부르며 우리는 모였습니다. 불끈 쥔 두 주먹에는 정의와 열정이 사이좋은 형제가 되어 힘을 겨루며 젊음의 땀으로 분출했습니다. 삼삼오오 짝을 지어 이 구석 저 구석에 우르르 모여 열변으로 젊음의 생각을 피력하느라 항상 시간에 쫓겨 거리에 방랑자가 되기도 했습니다.

젊음의 열정은 항상 목이 말라 한 마리 야수가 되어 번뜩거렸습니다. 후끈후끈 달아오르는 뜨거운 힘이 젊음을 부채질하여 북악을 뒤흔드는 함성이 되었습니다.

불끈 쥔 두 손에는 이상과 현실이 손뼉을 치며 힘자랑을 하고 반짝이는 두 눈에는 유토피아로 향하는 꿈들이 가득했었습니다. 이제는 함성도 창공으로 흩어졌고 꿈도 이상도 북악을 넘어갔지만 아직도 그때 흘린 땀내음은 여전히 내 곁에 찰싹 달라붙어있습니다.

이미 지나버린 50년의 세월을 되돌아보며 아직 우리들이 다하지 못한 꼭 해야만 하는 일들을 찾으려고 종로로, 종로로 꾸역꾸역 다시 모여들었습니다. 모두들 세월의 훈장들을 이마에 주렁주렁 새기고 허허거리며 안부하기에 분주하지만 참으로 거역할 수 없는 힘에 또다시 부름 받음에 불끈불끈 힘이 솟아납니다.

종로는 세월을 넘보며 여전히 시끌벅적합니다.

그림자

내 삶에 있는 것 같기도 하고 없는 것 같기도 한 친구가 있습니다.

내 삶의 흔적을 만들어가며 단 한 번도 나를 떠난 적도 없고 나를 귀찮게 한 적도 없으며 나를 간섭한 적도 없는 입이 아주 무거운 친구입니다. 때로는 내가 힘들어하며 길섶에 쪼그리고 앉으면 자기도 쪼그리고 앉아 나에게 살포시 기대기도 하고 바쁜 걸음으로 종종거릴 때는 같이 종종거리며 나를 놓치지 않으려고 부지런을 떱니다. 날이 어두워지면 어디론가 슬그머니 사라져 그 흔적을 남기지도 않지만 가로등 빛만 보아도 나를 찾은 반가움에서인지 금시 모습을 드러내어 나에게 찰싹 달라붙습니다. 나는 별로 관심을 두지 않는데도 절대로 나를 떠나지 않고 언제나 꼭 붙어 다니며 내 모습을 흉내를 냅니다.

계절에 변화가 와도 전혀 관심도 없고 오직 나만 쫓아다니기 바쁩니다. 그러나 비가 오는 날이면 비를 맞는 것이 싫어서인지 비를 피하러 갔는지 모습이 그 보이지 않습니다. 이 친구는 날씨에 민감하고 관심이 아주 많아 비나 눈이 내리면 어디론가 멀리 여행을 떠났는지 아니면 휴가를 즐기는지 보이지 않다가도 햇빛만 나면 언제 나타났는지 인기척도 없이 내 곁에 찰싹 달라붙습니다. 내가 뛰면 자기도 뛰고, 내가 걸으면 자기도 걷고, 내가 누우면 자기도 슬그머니 내 밑에 눕습니다. 내가 즐거움으로 노래를 해도 관심 없고, 내가 우울해도 관심 없고, 내가 감동해도 전혀 관심이 없습니다. 오직 나만 놓치지 않으려고 잠도 자지 않고, 외출은 물론 출장도 가지 않습니다. 나와 평생 함께 하는 것이 즐거움이고 기쁨이며 행복입니다.

나는 이 친구를 잃어버리고 살지만 이 친구는 나를 절대로 잊지도 않고 떠나지 않고 항상 따라다닙니다. 기쁠 때도 우울할 때도 답답할 때도 유일한 친구입니다. 모두 다 나를 배신하고 떠날지라도 이 친구는 절대로 나를 떠나지 않는 유일한 친구입니다.

추억

뙤약볕이 숫돌에 박박 갈아놓은 듯 날카로운 화살이 되어 비쩍 마르고 새까만 아이에게 내리 꽂힌다.

오늘은 강바람도 나를 안 만나려는지 숨바꼭질 하듯 어디로 몰래 숨어 메마른 작은 가슴이 더 헐떡거린다. 이른 새벽 통금해제 소리에 밤새 끓고 끓은 비지 한 덩어리를 만나려고 두부공장으로 종종걸음 한다. 아직도 개지 않은 한여름의 새벽은 철없는 소년의 가슴에 새 힘을 불어준다. 비지죽 한 그릇에 폭삭 꺼진 배를 부풀리고 한 짐 가득 찬 책가방을 울러 메고 씩씩하게 학교에 간다. 여명과 함께 출발한 등굣길은 하얗게 밝아 온 아침이 되어야 우람 찬 교문에 들어갈 수가 있다.

하루에 12km !

소년은 등하교를 위해 매일 이 길을 걷는다.

중학교는 졸업을 해야 사람 구실을 한다기에 무언가 보이지 않는 힘에 의해 오늘도 쫒기고 또 쫒기며 학교로 간다. 여느 때와 같이 오늘도 조회시간에 불려나가 왜 등록금을 내지 않느냐고 다그치는 선생님의 그 큰 손으로 귀퉁뱅이가 돌아가도록 얻어맞고 아침에 또다시 교문을 나선다. 등교할 때의 그 씩씩함은 다 어디로 숨었는지 축 늘어진 어깨에 걸쳐있는 책가방이 엉거주춤 매달려 덜렁덜렁 춤을 춘다. 대방동 고갯길은 허기진 아리랑 고개인지 기운도 없고 매가리도 없다.

교통 정리하는 헌병들의 호각소리와 충성을 외치며 상관에게 경례하는 멋진 모습도 눈에 들어오지 않고 한낮 꼭두각시처럼 보인다. 간간히 군용 비행기의 굉음과 함께 흙먼지 휘날리는 여의도 샛강에 길 잃은 작은 짐승처럼 쪼그리고 앉아 북한산 검은 바위를 바라본다. 위로라도 하려는 것인지 어디선가 길 잃은 작은 새의 울음소리가 구슬프게 들려온다. 쪼르륵쪼르륵 소년의 텅 빈 뱃속에서도 화음을 맞추어가며 함께 어우러진다.

납부하지 못한 등록금으로 인해 아들이 학교에서 쫓겨난 것을 어머니에게 숨기려고 한강 둑에 듬성듬성 심어진 포플러나무 그늘에 앉아 해가 넘어가기만을 기다린다. 무슨 먹이를 보았는지 참새 떼가 우르르 몰려가며 소년을 힐끗거린다.

길고도 긴 한여름 햇살은 모질기도 한데 소년은 점점 더 새까매지고 바람은 갈대숲에 꽁꽁 숨어 코빼기도 보이지 않는다.

행복은?

자기의 길을 가는 것, 오솔길을 만나 잔가지 흔들며 흥얼흥얼 노래에 맞추어 느림보 걸음에 제 발걸음을 하나둘 세어 보는 것, 대로를 만나 두 손 불끈 쥐고 가쁘게 숨 몰아쉬며 줄기차게 달리는 제 발걸음을 헤아리지도 못 하는 것, 지나간 길을 뒤돌아보며 간직하고 싶은 일들을 추억의 앨범에 하나둘 감추며 힘들고 외로울 때 살며시 열어 보는 것, 다가오는 길을 바라보며 꼭 기억하고 싶은 일들을 하나씩 만들어가며 보람을 갖는 것…….

빼꼼이 열려진 문틈으로 살그머니 들어온 새벽안개 고요히 잠이 든 얼굴에 살포시 내려앉아 젖은 손으로 아침을 깨우는 하얀 하늘, 활짝 열어놓은 창문으로 당당하게 들어오는 차가운 공기의 알싸함, 자그마한 저수지 내려다보이는 툇마루에 걸터앉아 송골송골 피어오르는 물안개와 아침 인사하며 큰 기지개로 새벽 공기를 들이 마시는 포만감, 뒷짐 짓고 어슬렁어슬렁 멍멍이와 오솔길 걸으며 작은 수목과 만나는 반가움, 벽장 속에 꽁꽁 숨겨놓은 때 묻은 일기장에 한 줄 한 줄 담겨있는 추억을 곰씹는 재미, 징검다리 건너다 떠내려가는 고무

신 한 짝 찾으러 정신없이 달려가는 열정, 가슴 깊은 곳에 숨어있는 추억 속에 송골송골 영글어 있는 사연들을 하나둘 회상하는 즐거움, 산길 들길 해변 강변으로 지나간 시간들을 되찾으려 둘러보는 애절함, 너와 나의 가슴 속에 가만히 숨겨놓은 보석…….

시간의 흐름 속에 숨겨진 아픔을 하나씩 꺼내보는 재미를 느끼는 것, 잊혀진 시간 속에 꽁꽁 숨어버린 인형을 가만히 끌어안고 파란 하늘에 그림을 그리는 것, 가슴 언저리에 응어리진 상처를 어루만지며 고개를 끄덕이는 것…….

부끄러움 감추려 산비알에 쪼그리고 앉은 빠알간 진달래 입술을 훔치고 달아난 봄바람, 모질고 냉랭했던 언 바람이 달아난 자리에 살포시 자리한 샘 바람, 턱 괴고 고갯마루 바라보며 기다리고 기다리는 기다림, 처마 끝에 떨어지는 낙수에 시름을 실어 저 산 너머로 날려 보내면 다시 돌아오는 비둘기, 간밤에 불어 닥친 비바람이 앉고 간 자리에 깔끔하게 피어나는 하얀 햇살, 두 팔 벌리고 기지개하며 기다리고 기다리는 즐거움, 한낮의 열기를 자기 몸에 꽁꽁 감싸 안고 밤을 기다리는 달맞이꽃, 초롱초롱 빛나는 작은 별들과 숨은 이야기로 온 밤을 지새우며 새벽이슬을 기다리는 고개 숙인 기다림…….

외진 비탈길 홀로 쪼그린 눈물 젖은 외로움, 세월의 바람을 안고 들녘 내려다보이는 산기슭에 홀로 선 허리 굽은 소나무, 토닥토닥 들려오는 온갖 소리에도 아랑

곳 않고 기다리는 세월의 기다림, 나가는 뭉게구름 잡으려 두 손 높이 드는 안타까움, 새벽을 깨우려 수줍게 고개 내밀며 일어나는 노란 태양, 하룻길 하얗게 비추며 따스하게 감싸는 보드라운 손길, 슬금슬금 지나가버려 좇아가지 못하고 기다려야 하는 기다림…….

한낮을 잠재우려 재 넘고 물 건너가는 붉은 태양, 보는 대로 벌겋게 화장해놓고 달님에게 눈짓하는 장난꾸러기, 어두움을 가슴에 안고 기다리고 기다리면 만나주는 반가움, 산천경개 바라보며 바람에 두둥실 흐르는 강물의 한가로움, 머물러 쉬어가고 싶어도 떠밀리고 또 떠밀려 머무를 수 없는 나그네, 제자리에 있는 것 같으나 어느 틈에 지워진 발자국, 심심유곡에 꽁꽁 숨어 홀로 울며 흐르는 잔 개울의 외침, 이 계곡에 숨었다가 저 계곡으로 다시 숨는 심술쟁이 술래, 돌멩이로 막아 가두려 하면 틈새로 달아나는 아쉬움, 찜통 같은 무더위 속에 한 줄기 시원한 바람을 기다리는 애절함…….

항상 내 곁을 맴돌며 눈앞에 어른어른 느낌은 있으나 만짐이 없는 것, 잡힌 것 같으나 맴돌기만 하는 심술쟁이 같은 것, 엄동설한 오돌오돌 떨림 속에 봄 향기 실은 훈훈한 바람을 기다리는 간절한 것, 방문을 꽁꽁 걸어 잠그면 내 것인 것 같으나 어느 틈에 슬그머니 숨는 것, 가슴에 고이 숨겼으나 멀리멀리 달아나는 떠돌이 같은 것, 먼동이 트기 전 밤새 기다리고 기다리던 기다림 같은 것, 낮고 낮은 곳부터 소복소복 쌓여진 새벽안개 같은 것, 형체도 없고 모양도 없으면서 무언가

만들어가는 이상 같은 것…….

잡힐 것 같으나 빈손만을 쳐다보는 아쉬움, 작은 바람에도 여지없이 달아나는 허상, 위를 보고 무턱대고 지나가면 넘어지고 잊혀지는 잔물결, 느린 걸음으로 아래를 보고 조심조심해도 긴장 도 긴장, 고요한 새벽안개, 작은 물방울의 감촉을 느끼는 복날 무더위, 바글바글 끓는 해변의 인파…….

한 귀퉁이에 쪼그리고 앉아 조심스레 쌓는 모래성, 대문도 없고 창문도 없어 아무도 들어가지 못하는 성, 그럴 듯 모양만 갖춘 동화 속에 그려진 작은 성, 작은 물결에 여지없이 허물어지는 성, 지나가는 발자국에 무참히 짓밟혀 스러진 성, 정성을 기우려 쌓은 사람도 뒤돌아보지 않는 잊혀진 한낱 작은 모래성…….

그 기억 속에 자리 잡은 아지랑이…….

명심(銘心)

게으른 사람에게는 재물이 따르지 않고, 변명을 일삼는 사람에게는 기대감이 없고, 거짓말하는 사람에게는 희망이 따르지 않습니다. 간사한 사람에게는 친구가 따르지 않고, 자기만 생각하는 사람에게는 사랑이 멀리 도망가고, 비교하기를 좋아하는 사람에게는 만족이 없으며 남의 허물을 드러내기 좋아하는 사람에게는 복이 따르지 않으며 베풀지 않는 사람에게는 좋은 사람이 따르지 않습니다.

먹을 것이 없어 굶주리는 삶도 딱하지만 먹을 것을 두고도 못 먹는 사람은 더 딱하고, 짝 없이 혼자 사는 사람도 딱하지만 짝을 두고도 정 없이 사는 사람은 더 딱하지요. 나쁜 일에 정성을 쏟으면 더 나쁜 결과가 나타나고, 좋은 일에 정성을 들이면 좋은 결과를 기대할 수 있습니다. 좋은 것을 심고 정성을 들여야 좋은 열매를 거둘 수 있습니다. 잘 자라지 않는 나무는 뿌리가 약하거나 병들었기 때문이고 잘 날지 못하는 새는 날개가 약하기 때문입니다.

행동이 거친 사람은 마음이 삐뚤어진 사람이고 불평이 많은 사람은 마음의 그릇이 적기 때문입니다. 하나에 하나를 더 하면 둘이 되는 것이 이치이며 좋은 생각에 좋은 생각을 더 하면 복이 되고 기쁨이 됩니다. 현명한 사람은 더하기만 잘하는 것이 아니라 빼기도 잘하는 사람입니다. 많이 벌어서 많이 나누는 사람이 현명한 삶을 사는 것입니다.

물이 항상 낮은 곳으로 흘러가듯이 나눔도 베푸는 것도 가난한 이웃을 향해 흘러가야 함께 어우러집니다. 불평과 원망은 자기 자신을 해치는 독화살입니다. 불평과 원망의 쓰레기는 재활용도 할 수 없는 폐기물입니다.

사랑으로 축복으로 살아갑시다.

이 도서의 국립중앙도서관 출판예정도서목록(CIP)은 서지정보유통지원시스템 홈페이지(http://seoji.nl.go.kr)와 국가자료종합목록 구축시스템(http://kolis-net.nl.go.kr)에서 이용하실 수 있습니다.
(CIP제어번호 : CIP2020014465)

김용운 시집

달빛을 긷다

초판인쇄일 2020년 4월 15일
초판발행일 2020년 4월 20일

지은이 : 김용운
발행인 : 김순진
편집장 : 전하라
디자인 : 김초롱
펴낸곳 : 스토리 문학
등 록 : 2004년 3월 9일 제6-706호
주 소 : 우편번호 03382 서울 은평구 통일로 633
녹번오피스텔 501호 스토리문학사
전 화 : 02-2234-1666
팩 스 : 02-2236-1666
홈페이지 : http://cafe.daum.net/yob51
이메일 : 4615562@hanmail.net

※ 책값은 뒤표지에 있습니다.